A LOUIS-PHILIPPE,

ROI,

CHARLES MAURICE,

HOMME DE LETTRES.

Seconde Édition.

Exegi monumentum......
(*Horace*, liv. III, ode xxx.)

Sire,

Élever la voix jusqu'à vous est une nécessité de ma situation, que j'accepte, mais que je n'aurais pas voulu provoquer. Persuadé que les Rois nous font toujours assez de mal quand ils ne nous font pas de bien, je me suis tenu dans la plus grande réserve à l'égard de vos prédécesseurs. Vous-même, Sire, étiez dans de semblables dispositions ; et il a fallu que je vous devinsse utile, pour que vous prissiez mauvaise opinion de moi.

Rédigeant une petite feuille, payant cher pour ne pas parler *politique*, vivant de littérature, corps et âme, sans rien demander à personne, sans jamais salir mes pieds du carreau d'une antichambre, et faisant quelques heureux, je devais me croire l'antipode des têtes couronnées.

Point du tout ! vous êtes Roi, Sire, et je vous écris !

Toutefois, c'est à mon corps défendant. Si j'ai tort, que Votre Majesté ne s'en prenne qu'à Elle, car c'est Elle seule qui m'y a contraint. Si j'en éprouve quelque mésaventure, Elle l'aura bien mérité !

Mais qu'il est difficile d'écrire à un roi, lorsqu'on n'a pas soi-même un trône pour fauteuil, et quand on ne veut ni le flagorner, ni l'insulter !

Voilà tantôt six mois que je travaille, de toute ma facilité, à cette épître, ou plutôt à cette autre toile de Pénélope, sans pouvoir la finir. Trop heureux si, de mon *in-octavo,* quelques feuilles arrivent à leur adresse !

Pour m'empêcher, c'était d'abord le *Choléra-morbus*, qui a mis en lumière la malice de vos enne-

mis. Ces méchans vous conseillaient de visiter les hô-
pitaux, dans l'espoir que vous prendriez mal, ce que
vous avez eu grandement raison de ne pas risquer.
Bien obligé, Sire! Je ne rappelle point un Belzunce,
c'était un prêtre, il se devait à la bonne réputation de
la charité chrétienne. Je ne cite pas un Rotrou, petite
Autorité de village, damné d'ailleurs pour avoir fait
des pièces de théâtre. Que ceux-là aient bravé la
peste, la peste était à peu près inventée pour eux.
Mais ce mécréant de Bonaparte, qu'avait-il besoin de
toucher les malades de Jaffa? Dans sa petite personne,
il exposait toute l'armée. Qui lui disait que l'Égypte,
prosternée devant tant d'autels, respecterait aussi le
Dieu de la guerre? Il fut blâmé d'une commune voix.
Un vrai monarque doit se garder de l'imiter, surtout
s'il est brave et bien portant. Ainsi, pour ma part
dans l'affection générale qu'on vous porte, encore une
fois : bien obligé, Sire !

Vinrent ensuite les deux fameuses journées des 5
et 6 Juin dernier, qui, d'après MM. de Lobau, Jac-
queminot et Delessert, sont au-dessus de ce que Ma-
rengo, Iéna, Eylau et Friedland ont produit de ter-
rible et d'admirable. On écrit mal sous une pareille
détonation de bulletins.

Par la plus inattendue de toutes les conséquences,
mon épître fut mise en *état de siége ;* ce qui voulait
dire que, pour oser seulement vous l'adresser, je pouvais être fusillé, indépendamment de mon recours à
votre clémence.

Le *siége* levé, je reprends la plume…. Une *Circulaire de M. Barthe* la pulvérise entre mes doigts et me dit que la Sainte-Hermandad et la Censure viennent de prendre un pied-à-terre à Paris. Effrayé, je balbutie mes patenôtres, composées des articles de toutes les lois qui régissent et consacrent la liberté de la presse. Coup sur coup, les journaux de vos ministres, procédant par la raison démonstrative, me prouvent que la dite *Circulaire* est éminemment économique, en ce qu'elle empêche le Code civil et la Charte de s'user aux endroits où ils traitent *du droit de publier ses opinions.* L'économie étant la dominante vertu, j'allais dire la religion de votre règne, Sire, je me mis à penser que je pouvais lui refuser mon admiration, attendu qu'un athée ne saurait compromettre tout un culte.

Je poursuis donc mon épître…. Le *Choléra royal* éclate, choléra rouge, couleur de sang, pire, mille fois, que le bleu, le sporadique et tous les fléaux conjurés…… Francfort vomit *la Diète germanique !* Oh ! pour le coup, je me crus passé par les armes dans un carré de Prussiens, de Cosaques, d'Autrichiens et de Watchmans. La schlague, le knout et la cale sèche étaient le moins que je sentisse sur la moëlle épinière de ma pauvre imagination. Les visites domiciliaires étant fort à la mode, me voilà furetant dans toutes mes chambres, pour y cacher ma lettre, comme un avare son trésor, comme Votre Majesté cacherait sa liste civile, si Joseph Bonaparte voulait la lui prendre et que vous pussiez trouver un petit coin assez grand pour la recéler.

On me rassura. Je repris ma lettre. L'anniversaire des *Trois jours* vint encore l'interrompre. Je ne sais si tous ceux qui ont assisté aux fêtes se sont autant amusés que moi, mais je vous jure, Sire, que j'ai ri à me tordre en voyant donner des récompenses aux hommes de *Juin*, par commémoration de *Juillet*.

Vos ministres sont charmans!....

Dans mon esprit, cet acte de diplomatie administrative a fait beaucoup de tort aux courses à cheval, à pied, en chars, aux aérostats, aux pantomimes, distributions de comestibles, joûtes sur l'eau, mariages de rosières officielles et autres comédies.

Vos ministres sont adorables!....

Le rideau baissé, je me remis à l'ouvrage...... Un carillon d'allégresse, un Ethna d'enthousiasme vinrent ébranler les airs et les parfumer d'une odeur de fleur d'orange. M. de Choiseul nous amena la Belgique portant un bouquet de mariée sur la frontière du cœur, tandis que la France fournissait la jarretière, belle ma foi! toute en diamans, et couleur d'impositions!

Tant de liesse me rendait le travail impossible. L'encre en séchait d'impatience dans mon écritoire.

Enfin, le calme est rétabli ! Pour écrire à Votre Majesté, je profite du moment où nous n'attendons plus que dix émeutes, quatre conspirations, trois guerres maritimes et continentales, les Chambres, le *Compte-rendu*, une bonne loi contre la presse, un nouveau Prétendant et le mariage de Henri V avec la République..... Le calme est rétabli !

Avant d'entrer en matière, je m'inscris parmi les prophêtes. J'ai été dix ans le voisin de campagne du duc d'Orléans. De ma chaumière, j'appercevais son château. Je l'ai vu nous prendre notre rivière, pour la métamorphoser en îles de plaisance, et nos chemins publics, pour élargir ses sauts-de-loup. J'avais bien d'autres griefs, tout civiques, à alléguer contre lui, lorsqu'un rapide et prévoyant creuset l'a changé en Roi inviolable ! J'ajournai. Mais, l'expérience et Lavater aidant, je n'en ai pas moins connu son caractère, ses penchans et ses goûts. Aussi, je vous dirais bien ce que vous ferez, Sire, après avoir lu cette lettre..... Je veux laisser à la France le plaisir de la suprise.

Que si Votre Majesté me demande pourquoi j'ai tardé si long-temps à lui écrire, je répondrai avec la libre sincérité qu'Elle trouvera partout dans cette épître.

D'abord, je mettais peu d'importance au fait qui, de si loin, nous a rapprochés. Je comptais assez de bonnes actions dans ma vie, pour que celle-là n'étonnât point ma fortune. Elle n'est devenue un événement que parce qu'au lieu d'obliger, cette fois, un de mes égaux, j'ai eu successivement affaire, dans la même personne, à un Prince du sang, à un Lieutenant-général-de-royaume, et enfin à un Roi-*Vérité,* comme la charte, sa première et sa plus piquante inspiration.

En second lieu, on vous disait malheureux, arraché aux douceurs de la vie privée, et traîné, malgré vos touchantes supplications, sur un trône que vous deviez seulement traverser. Pouvais-je ajouter à votre désespoir?

Maintenant que tout sourit à vos vœux, que vous êtes le plus fortuné monarque du monde et que votre trône est stable à toujours, ce qui eût été un trait de faiblesse devient un acte de fermeté; interrogez plutôt le grand cœur de l'Aide-de-camp de Dumouriez, il se connaît en courage!

Vous êtes mon obligé, Sire.

Je ne le dis pas pour qu'on le sache; mais pour qu'on ne le conteste plus devant vous, car Votre Majesté souffre qu'on en doute. Oui, quand j'ai le droit d'exiger une entière solution de continuité entre votre demeure et la mienne, je ne l'obtiens pas. Un perpétuel retentissement de votre château m'apporte le déni du service que je vous ai rendu.

Des familiers par brevets, *Gardes de la manche,* sans uniforme, se croient sûrs de vous plaire en me disputant à vos souvenirs. Je ne me charge pas de les relever dans l'opinion, en prenant garde à eux ; ils remplissent les conditions de leur métier. Mais si j'ai pitié des discours calomnieux de ces valets brodés, je ne passe pas aussi facilement condamnation sur le silence de Votre Majesté. En pareil cas, qui ne dit mot approuve, et qui approuve, offense.

Déjà ma plainte est donc légitime.

Combien plus encore le sera-t-elle quand on saura que d'une action toute spontanée, toute généreuse, brave et désintéressée, vous m'avez payé *par un outrage !*

Je n'oublierai pas cependant que vous êtes Roi. Mais Votre Majesté daignera aussi ne pas me confondre avec les écrivains qui, ayant à choisir entre sa personne sacrée et celle de ses ministres uniquement responsables, n'écoutent que leurs passions, et se jettent en dehors des voies constitutionnelles. Moi, je n'ai pas l'option. Je ne puis me plaindre de vous qu'à vous-même ; j'excipe d'un fait tout relatif à vous, d'un service à vous seul rendu, d'une injure de vous seul reçue, d'une chose qui est entre vous et moi, là, et non point ailleurs, que nul ne peut déplacer, dont l'événement et les suites n'appartiennent à qui que ce soit, s'il n'est Louis-Philippe d'Orléans, fils du prince Égalité, en personne, et pour lesquels MM. de Montalivet, d'Argout, Soult, Barthe et consorts n'existent pas. Ce n'est point une affaire de particulier à Prince. C'en est une assurément de très-inférieur à très-supérieur ; mais enfin d'homme à homme, autant que les distances y consentent, et dans laquelle nulle idée de politique ne saurait justifier l'intervention d'une autorité qui ne serait pas la vôtre.

S'il en était autrement, je trouve encore assez beau le sort de tant de gens de lettres, mes confrères, qui expient sous les verroux le crime de vous avoir cru au-dessus de leurs atteintes ! J'y aurais échappé plus sûrement, si j'eusse voulu feindre de rejeter vos torts sur l'ivresse du triomphe, et en appeler à *Philippe à jeun*. Oh ! non ! L'intrigue n'est point mon fait. Parvenir, par son secours, ne vaut pas une bonne disgrâce imméritée.

La mienne attirera sur cet écrit les regards du monde entier. Si jadis, il lut avidement la lettre de Jean-Jacques Rousseau *à Christophe de Beaumont*, stimulé par des circonstances bien autrement intéressantes, il voudra voir comment, en un désastre immense, à la fin violente de tant de règnes, au dernier jour de quatorze siècles, fut préservé le palais qui devait être pillé le second, par droit de naissance. Le monde voudra surtout savoir pourquoi le chef de la branche cadette des Bourbons, après avoir accepté un service, en a refusé l'amnistie.

Non qu'en rappelant cet illustre écrivain, je me croie autant qu'un Jean-Jacques Rousseau. Le ciel ne m'a point départi cette gloire. Mais Votre Majesté est considérablement plus qu'un Archevêque , et , pour l'intérêt des situations , pour tout ce qui sert d'aliment à la curiosité , 1832 est bien au-dessus de 1762.

A vous donc , *Louis-Philippe* , *Roi* , ma lettre ; mais ouverte , sans cachet. Que la France la lise la première : je n'ai point , moi , de secrets pour elle.

Le peuple s'était levé. Je veux me perdre dans les rangs des braves ; mais mon uniforme de Garde national a frappé leurs regards (*on n'en voyait pas encore*). Cet aspect est tout puissant sur leurs âmes. Sans plus songer à le leur demander , qu'eux-mêmes ne s'aperçoivent qu'ils le désirent , me voilà leur chef, leur officier , moi le dernier venu ! Et ils sont mes soldats , eux déjà les vétérans des barricades !

Nous avions payé notre dette aux bataillons et aux escadrons de la rue Saint-Honoré , aux Suisses des Écuries du roi, et soldé, en passant, les Gardes royaux de la caserne de la Pépinière , quand on vint nous dire que la Bourse était abandonnée aux chances des événemens. J'y arrivai en toute hâte. Ne pouvant me persuader qu'il ne s'y trouvât pas au moins un officier, je le demandai pour me placer sous ses ordres. Personne n'occupait ce poste. Je m'en saisis, en en faisant deux parts , l'une *civile* , que voulut bien accepter M. Teste, témoin de ce coup-d'autorité , et l'autre, *militaire* , dont je me réservai les devoirs et les conséquences. Ai-je bien compris les uns ? me suis-je entièrement soumis aux autres ?

Un effroyable tumulte annonce cet ébranlement des masses qui produit les grands résultats. C'est un homme porté par des lions qui rugissent. Sa cuisse est traversée de part en part, et son sang inonde le pavé. De toutes ses forces épuisées, il crie : *Vengeance*! et deux mille voix lui répondent : *Vengeance*! On le promène autour de la place. C'est un drapeau vivant, auquel on brûle de se rallier ; mais il n'y a point de chef. Mon uniforme, mes épaulettes, *toujours seules de leur couleur*, reçoivent une seconde consécration, et je leur dois encore de m'emparer du mouvement, ainsi que des moyens de le diriger.

Des cris se font entendre. C'est le peuple qui nous amène des prisonniers. Ils sont sans armes ; mais les vainqueurs sont près de l'oublier en leur redemandant les pères, les époux, les fils, les femmes qu'ils viennent de leur ravir. La vie de ces malheureux est dans le plus grand danger.... Je franchis les marches de la Bourse, je cours à ces groupes hérissés d'armes de toutes sortes, teints de sang, et qu'anime la plus poignante fureur. J'y pénètre *seul*, l'épée à la main, avec des paroles conciliatrices. J'invoque cette générosité française qui s'émeut devant un ennemi sans défense, ce courage national, plus grand quand il pardonne que lorsqu'il punit. Je sollicite, je presse, j'intercède, j'ordonne, je menace, je suis maître.

Je m'empare de ces soldats épouvantés, terrifiés, sans voix, sans regards, marchant à coups de crosse, et dont les habits tombent par lambeaux sous les ongles imprimés dans leur chair. Je prends sur moi la responsabilité de leur salut, en même temps que les garanties de la vengeance, et, transformant en prison, comme en hôpital, le parquet des Agens de change, je les y enferme, sous la garde de nos factionnaires.

Vingt fois cette scène se renouvelle et toujours avec le même succès. Bien qu'elles fussent toutes semblables au fond, chacune d'elles offrait des détails particuliers. Je n'en citerai que deux exemples.

Un jeune soldat suisse avait été mis dans un état déplorable. On continuait sur lui les mauvais traitemens, lorsque je le saisis et le porte plus que je ne l'amène, au milieu de ses camarades. Dans la route, il n'articulait que ces mots : *Ah ! Monsieur*, *ne* ME PÉRISSEZ PAS!.. *je me suis rendu!.. mon père!.. ma pauvre mère!.. Ah! Monsieur, ne* ME PÉRISSEZ PAS !... La voix, l'accent de ce jeune homme, son abattement affreux, ce fils qui m'implore, tout cela est d'hier, je l'entends, je le vois et mon cœur en est oppressé comme en cet instant solennel.

On juge ce que j'ai pu lui dire, je venais de perdre un enfant que j'avais adopté !

Du coin de la rue des Filles Saint-Thomas, de nouvelles rumeurs retentissent. La foule qui s'y porte se mêle à celle dont un homme est entouré, heurté, frappé, je dirais presque étouffé. C'est un officier de l'État-Major de la place de Paris. Il court plus de dangers qu'un autre, parce que son grade, les décorations dont sa poitrine est encore couverte, appellent sur lui un redoublement de sévérité. Je vole à sa rencontre, j'entre dans cette masse qui s'écarte, avec un admirable respect, devant mon uniforme, et prenant le prisonnier par le bras, je l'invite à satisfaire à ce qu'on lui demande, à crier : *Vive la Charte!* Il ne le fait pas, ou le fait si timidement, à voix si basse, que l'ordre en devient plus formel. J'insiste aussi, toutefois avec les ménagemens que m'inspirait sa situation.... Aussitôt, plusieurs armes sont dirigées sur moi, et l'on s'écrie : *le Garde national nous trahit !*.. A ces mots, je quitte le bras de l'officier et lui signifie que s'il n'obéit soudain, je lui passe, le premier, mon épée au travers du corps. Des bravos succèdent à l'accusation portée contre moi. L'officier se rend à nos vœux ; je l'entraîne au milieu des autres prisonniers et il est sauvé. Quelques instans après, comme je m'informais des besoins de tous les captifs, cette attention fut si rudement accueillie de cet officier, que je me sentis tenté de lui demander si, par hasard, c'était moi qui lui devais la vie. Je ne l'ai point revu, mais je le reconnaitrais entre mille.

Pendant que j'enrégimentais les combattans qui m'arrivaient de toutes parts, et que j'envoyais sur les points dont on venait m'apprendre les dangers, on me glissa un papier tout chiffonné dans la main. Le voici avec son orthographe et sa ponctuation (*) :

---

* J'ai l'honneur de prévenir Votre Majesté que j'ai en ma possession *toutes les pièces* dont je parlerai dans cette lettre, et que *je les copie littéralement.*

« Je viens de recevoir l'avis par un officier du 5ème,
« que son régiment a ordre de fraterniser avec les
« *bourgois*, de leur donner même leurs armes pour
« ensuite les immoler en se mêlant au milieu d'eux.
« Méfiez-vous de ceux qui conseillent de fraterniser
« avec eux. Je prends une plume étrangère pour vous
« écrire, *soufrant* trop de ma blessure. »

PALME ou CALME.

Je ne partageai pas ces craintes à l'égard d'un brave
régiment qui avait refusé de tirer sur le peuple, et
dans lequel je connaissais des officiers. Si j'envoyai à
la caserne Poissonnière, ce fut plutôt par un surcroît
de prudence que me dictait le devoir, que par suite
d'un injurieux soupçon.

On m'apporta dans ce moment une affiche, en me
priant de la lire à haute voix à mes hommes. Elle avait
pour titre : *Plus de Bourbons*! J'ai toujours regretté
de ne l'avoir pas conservée à cause de la vigueur des
pensées qui y étaient exprimées en quelques lignes
avec un vif éclat de style. Je crus voir un Étudiant
dans la personne qui me la remettait. Les instans
étaient trop précieux pour que je pusse contenter son
désir, nous allions être attaqués du côté de la rue
Feydeau. C'est là qu'une pièce de canon fut amenée.
Je devais gaîment la recevoir, nous avions fait connaissance avèc elle dans la rue Saint-Honoré, où la
Garde Royale nous servait chaud. Sur son affut, je fis
prendre, au crayon, les noms et les adresses des
citoyens qui l'accompagnaient. J'ai cette note, écrite

à la hâte et dans un moment d'autres préoccupations. Elle ne cite que MM. Benoit, Conaissant, Lavallée, Pierre Lajon, Lussan, Delacroix, Henrion de la maison Oppermann et Victor Dechan. On a, plus à l'aise, développé les détails de ce fait d'armes. Je devais remarquer le nom de cette pièce : elle s'appelait *le Joueur*. Tout le monde me la vit braquer sur le point d'où je m'attendais à recevoir les assaillans. J'invoque ici le témoignage général, parce que mon action fut accompagnée d'applaudissemens partis de toutes les fenêtres de la place. Il se trouvait là des gens de lettres, des artistes, qui vinrent me serrer la main, et dont quelques-uns sont aujourd'hui décorés de Juillet. Ils se nommeront, si bon leur semble, je n'ai pas mission de les prévenir.

Un second billet me fut remis, en voici la teneur :

BIBLIOTHÈQUE DU ROI.

« Le Président du Conservatoire de la Bibliothè-
« que, prie M. le Commandant de vouloir bien
« envoyer un factionnaire pour la sûreté de l'établis-
« sement, rue de Richelieu, et un pour la porte de
« la rue Neuve-des-Petits-Champs, n. 12.

Van Praet. »

Paris, le 29 juillet 1830.

Outre les deux hommes que l'on me demandait, j'envoyai une force respectable, et le monument n'éprouva point de malheur.

Je passe et je passerai encore une foule de circonstances plus vraies que vraisemblables, et qui, dans
un si court espace de temps, prouvent plutôt mon
bonheur que mon zèle, car elles étaient à tel point
saisissantes, que le moins brave y aurait puisé du
courage. Est-ce étonnant? les bonnes occasions couraient les rues, en prenait qui voulait! Il n'avait
pas refusé sa part le héros dont voici le fait, que je me
reprocherais de n'avoir pas dit :

Nous nous portions au pas de course, vers la maison
Moizard, lorsqu'en passant dans la rue Vivienne, nous
vîmes un jeune ouvrier, blessé d'un coup de feu dans
le corps et de deux coups de sabre au bras. Appuyé sur
son arme et près du mur, expirant, pour ainsi dire, il
nous exhortait à l'imiter. Puis, nous montrant ses bles-
sures, il reprit des forces pour mieux articuler ces
paroles sublimes en un tel moment : *Quand c'est
pour la liberté, çà ne fait pas de mal.* Il avait de-
viné le *non dolet* de l'antiquité.

Je me bornerai maintenant à cet autre fait. Dans
une de mes excursions autour du Palais, un groupe
qui n'était pas le peuple, voulait forcer les portes de
la Comédie-Française, prétextant qu'on y renfermait
des armes. Le pillage était imminent. Je m'y opposai,
seul contre tous. Un de ces malheureux ajusta, à
bout portant, madame Laurent, la principale Prépo-
sée, qui se défendait avec vigueur. Je détournai le
coup, et la balle alla frapper le haut du vestibule. La
marque, assez profondément creusée, y est toujours.
Les regratteurs n'ont pas encore passé par là.

J'organisais la réserve dont venait de me priver le renfort de la Bibliothèque et celui de la maison Moizard, sur laquelle j'avais successivement détaché MM. Dusouich et Belvère, élèves de l'Ecole Polytechnique. J'étais au milieu de la place, entouré d'autant de volontaires qu'il y avait de citoyens. C'était alors que se portaient les grands coups, les coups décisifs; la fusillade n'avait plus d'intervalles, et les charges à l'arme blanche n'offraient que cet horrible pêle-mêle, où l'œil le plus exercé ne peut deviner de quel côté sortira la victoire.

Deux hommes, pâles, tremblans, morts de peur, se présentent à moi. Leur ton doucereux, leur air patelin et craintif révèlent en eux une défiance qui me frappe. Je ne tarde pas à me l'expliquer en apprenant qu'ils viennent me parler en faveur d'un Bourbon, nom qui sonnait mal aux oreilles des spectateurs. Mon acceuil les rassura. Ils me dirent qu'ils s'appelaient, l'un Jamet, et l'autre Bonneau; que le premier était Chef dé comptabilité et le second Concierge chez le duc d'Orléans; que le Palais était envahi; qu'on avait commis de nombreux dégâts aux étages supérieurs et pénétré dans les caves, mais que la partie intermédiaire, les principaux appartemens, était encore intacte, bien que très-dangereusement menacée. La caisse surtout excitait les alarmes de ces messieurs. Ils me demandèrent *à mains jointes, presque à genoux*, cent personnes purent les entendre, ils me demandèrent un secours prompt et considérable; sinon, faible ou tardif, il devenait inutile et le Prince perdait *des millions*. Je leur répondis en riant que le duc d'Orléans était *mon abonné*, et que je ferais plus que d'envoyer du monde, que j'irais moi-même.

La joie de ces deux messieurs ne saurait se dépeindre. Je crus qu'en pleine place publique, ils allaient me jurer une tendresse à ne plus finir.

Je prends des hommes éprouvés, et, guidé par MM. Jamet et Bonneau, je quitte avec un regret profond, qui était aussi un pressentiment, ces lieux où l'humanité venait de contracter envers moi tant d'obligations ! Si j'y étais resté, on m'aurait su gré d'avoir gardé le Palais de la Bourse : la Ville de Paris ne serait pas devenue mon ennemie pour cela, et Votre Majesté ne recevrait point aujourd'hui la présente !

En arrivant au Palais-Royal, je trouvai le château dans une extrême confusion. La cave était encombrée. On buvait, on s'échauffait. Les avis n'étaient pas unanimes sur les vertus de l'Amphytrion. Déjà, on parlait de sa grosse fortune, de ses superbes tableaux. On indiquait le chemin de sa caisse. On l'appelait *Bourbon*, comme pour lui dire une injure. A ce mot, on s'anime, des cris furieux s'élèvent......... On court aux armes....., on se dirige vers le grand escalier..... *Ah ! monsieur, le sort du Palais dépend de vous !* s'écrient messieurs Jamet et Bonneau en me pressant dans leurs bras. *J'en réponds*, dis-je. — *Mais comment?* répliqua M. Jamet, *l'exaspération de ces*

hommes est au comble ; tout est perdu. — Non, ré-
pliquai-je; *moitié fermeté, moitié douceur, je suis
sûr de tout sauver. Ces hommes sont du peuple, ils
me comprendront. Il n'y a là que quelques mauvais
sujets dont je vais me débarrasser; le reste m'obéira,
où ils me tueront.* J'ordonnai, soudain, que les caves
fussent évacuées. Je voulus qu'il ne restât à notre
disposition que du pain, et une quantité raisonnable de
brocs de vin, mêlé d'eau, pour étancher la soif que
nous donnait l'excès de la chaleur. Je comptai les
hommes. J'en fis une liste nominative qui me les sou-
mit d'une façon remarquable. J'éloignai ceux qui s'é-
taient ouvertement prononcés contre le propriétaire.
L'un d'eux, pris de vin et très-irrité du choix qui
tombait sur lui, me mit, à plusieurs reprises, la
pointe d'un fleuret sur la poitrine, en cherchant à
exciter les autres contre moi. Ma contenance lui im-
posa, ainsi qu'à plusieurs, qui déjà se mutinaient,
en paroles, contre le joug militaire qu'il leur fallait
subir. Tous furent expulsés. Les bons seuls me res-
tèrent, et il y en avait beaucoup. De ce moment, je
devins maître absolu du Palais; j'y tins une place
que le Prince lui-même n'aurait pu remplir. J'é-
tablis mon petit quartier-général à la droite du
vestibule, au pied de l'escalier, d'où nous pouvions
défendre l'entrée des grands appartemens, si nos
avant-postes eussent été forcés. Au-dehors, je plaçai
des sentinelles en communication avec de nom-
breuses patrouilles qui circulaient sans cesse; j'en
fis autant dans l'intérieur de l'édifice, notamment
à la caisse que M. Jamet me dit contenir d'énormes

sommes et des papiers DE LA DERNIÈRE IMPORTANCE.

Si on les avait lus!!!!!!......

J'étais exténué de fatigue. Déjà le matin, en me voyant dans cet état, deux citoyens, M. Bacheville, rentier, demeurant sur la place de la Bourse, n° 27, et M. Chéronnet, ex-Commissaire des guerres, rue Feydeau, n° 26, m'avaient donné des rafraîchissemens que je ne pus accepter du premier que sur les marches de son escalier où j'étais tombé presque évanoui. Cela n'empêcha pas M. Jamet de me traîner impitoyablement à tous les étages et dans tous les coins de l'habitation princière. C'est là que je vis les portes, les fenêtres, les boiseries voisines de la caisse enfoncées, traversées de coups d'armes à feu, et n'offrant plus d'obstacles à de criminelles tentatives. *Ah ! ah !* dis-je à M. Jamet, *il était temps que j'arrivasse ! — Vous le voyez,* répondit-il, *sans vous, monsieur, tout serait fini......*

C'est cela qu'il appelle maintenant, avec son flegme de *Trésorier-général de la couronne,* un ASSEZ GRAND SERVICE !!!!

Du ton de la meilleure compagnie, un monsieur maigre, inquiet et tout mystérieux, m'aborde en me demandant un entretien. Il me conduit à un petit appartement du Palais. Là, il me présente à une dame, dont l'accent est anglais, je crois, et me dit que c'est sa femme. Après les civilités d'usage, ce monsieur m'apprend qu'il se nomme le comte de Chabot, et qu'il est Aide-de-camp du duc d'Orléans. A ce titre, je crois qu'il veut se concerter avec moi sur les moyens de continuer la défense de la propriété de son patron. Point! Il veut s'en aller, partir pour Neuilly, et me demande *d'assurer, à travers les barricades, sa retraite* et celle de son cortège qui se compose de lui, de sa femme et de trois ou quatre *dames d'honneur*.

A ma grande surprise, M. de Chabot me prie d'écrire au duc d'Orléans, dont il me peint, sous les plus vives couleurs, *l'excessive inquiétude que lui cause le sort de son palais*. Il me *supplie* de rassurer le Prince, de me nommer, de lui dire qui je suis, de lui faire connaître *mes généreuses intentions* et ce qu'il qualifie de *ma belle conduite*. Je satisfais à ce désir; j'écris, sur le bureau de M. de Chabot, lui à mes côtés et versant obligeamment du vin qu'il avait demandé, malgré mes instances, j'écris au duc d'Orléans. Je lui raconte, en abrégé, ce qui s'est passé; la démarche de MM. Jamet et Bonneau, mon installation dans le Palais, l'autorité que j'y exerce, les mesures que j'ai prises et ma rencontre avec M. le comte de Chabot. Je me souviens même de cette phrase : « Je n'ai plus qu'à préserver mes soldats de « leur propre victoire. » Je dis au Prince que *je réponds* PERSONNELLEMENT *de son Palais; que s'il apprend qu'il lui soit arrivé malheur, ce sera en même temps la nouvelle de ma mort......* J'allais finir, quand M. de Chabot m'engagea à donner au Prince *des nouvelles politiques*. Mon étonnement fut extrême.

« *Quoi*, dis-je à M. l'Aide-de-Camp , *pour cet objet le Prince a besoin d'un correspondant aussi peu répandu*, *aussi mal informé que moi?* — *Oui*, me répondit-il , *il est seul , tout-à-fait seul et ne reçoit de nouvelles de personne*; voilà d'où vient *sa mortelle inquiétude*. Je consignai donc les divers bruits qui couraient , surtout celui d'un *Gouvernement provisoire* , etc. Ma lettre se trouva tellement remplie par cette addition de détails , que j'en étais *tout au bas de la troisième page* , d'où il suit qu'il ne restait plus que la dernière , pour la suscription. Alors , je terminai par ces mots :

Faute de place , j'abrège le cérémonial.

CHARLES MAURICE , *homme de lettres.*

Après avoir cacheté avec soin , je pensai que malgré toutes nos précautions , cette missive traverserait difficilement les barricades si l'on y voyait le nom du duc d'Orléans. Je mis donc pour toute adresse :

Au maître de la maison.

La lettre partit et arriva.

Je fis ce que désirait M. de Chabot pour *assurer sa retraite.* Ce fut pour moi bien amusant de la lui voir opérer , sans m'en prévenir, en cachette , à l'aide des moyens que je venais de disposer, comme si j'avais pris les mesures contraires , et en se donnant un mal tout risible pour se soustraire au remerciement qu'il me devait. Il a , du reste , complété ce beau trait, car , rentré sain et sauf et *victorieux* dans cet appar-

tement où il m'avait si bien reçu et dont je suppose
que le mobilier, gardé par moi, lui appartient,
M. le comte de Chabot n'a pas même fait déposer une
carte de visite à ma porte! L'air était contagieux.

Je crois que, depuis, Votre Majesté a promu
M. le comte de Chabot au grade de Général. Si c'est
pour sa présence d'esprit en cette occasion, vous
voyez, Sire, que je serais fondé à demander pour
moi ses épaulettes étoilées. Ne riez pas, je vous prie,
je serais, comme un autre, bon Maréchal-de-camp,
en temps de paix; sauf à passer aussi Lieutenant-
Général, si l'on ne faisait pas la guerre.

Une hospitalité dangereuse avait été donnée à des
Gardes-royaux et à des Suisses cachés dans une
chambre de domestiques. M. de Chabot m'en fit la
confidence afin que *j'assurasse* aussi *leur retraite*.
La chose n'était pas facile. Le rasoir jeta bas les
moustaches de ces malheureux, qui s'échappèrent
sous le déguisement de palefreniers, de gens de la
maison. Ils me doivent la vie. Si j'avais dit un mot,
ils étaient massacrés, et, pour leur avoir donné
asile, le château *disparaissait dans les flammes*. Re-
portons-nous au moment!

Encouragé par tant de succès, je tenais, de plus en
plus, à mener à bien mon entreprise. Je me repré-
sentais l'instant où je remettrais au Prince son Palais
sauvé par miracle; et je jouissais à l'avance de son
incrédule plaisir, de sa joie étonnée. Pour atteindre

ce but, tout officier improvisé que j'étais, j'aidais mes compagnons en tout ce que me permettaient mes forces. D'un instant à l'autre, elles étaient mises à l'épreuve par l'arrivée subite des foules innombrables qui se ruaient sur les portes, pour entrer dans le Palais. Sans chercher à apprécier les intentions, je donnais à notre refus toute l'hostilité d'une défense, et je puis dire que ces tentatives furent autant de petits assauts, repoussés par autant de petits combats.

A la grille de gauche, sur la place du Palais-Royal, j'étais comme en faction, armé d'un pistolet d'arçon appartenant au Prince et que M. Bonneau m'avait confié. Je vois accourir, tout effrayé, M. Aumer, le chorégraphe de l'Opéra. Il me montre un attroupement dans lequel un individu est sur le point de perdre la vie, tant sont irrités contre lui ceux dont il est, de toutes parts, enveloppé. Je vole à son aide. Mon pistolet m'ouvre un facile passage. J'arrache cet infortuné des mains prêtes à le déchirer, et je demande quel est son crime. Un tonnerre de voix me répond : *Il a parlé pour le duc d'Orléans!.., un Bourbon ! ! !...* Je n'obtins de conduire cet homme à mon corps-de-garde, qu'en disant qu'il demeurerait sous la responsabilité de son *imprudence.* Là, je l'interrogeai. Il me dit être ouvrier imprimeur au *Journal de Paris.* Sa figure offrait quelque ressemblance avec celle de M. Firmin, l'acteur du Gymnase. Moins d'une heure après, j'avais consenti à ce que toute sa responsabilité fut dans ses jambes.

Je tirai de cet incident une conclusion toute natu-relle, c'est qu'en supposant que les vertus particu-lières du duc d'Orléans dussent appeler quelques regards sur lui, son titre de *Bourbon* le ferait rejeter du peuple. Je le dis franchement à M. Bonneau, seul avec lui dans sa chambre, et comme une de ces choses sur lesquelles le moment ne veut pas qu'on s'appesan-tisse. On m'a dit que ces mots rapportés, envenimés par ce Concierge avaient cautérisé la royale reconnais-sance. Je ne le crois pas : le Chef actuel de notre na-tion serait un trop petit Prince, et, d'inductions en inductions, la France aurait trop à pleurer !

Le soir de ce jour, 29, *entre sept et huit heures,* un vieillard, conduisant un petit détachement, se présente et m'exhibe un ordre écrit de M. de La-fayette, en vertu duquel il était chargé de *veiller sur le palais du duc d'Orléans.* Cela me fit appercevoir que, m'étant plus occupé du dit palais que de moi-même et des avantages dont cette position pouvait de-venir la source, j'avais négligé de communiquer avec l'Hôtel-de-Ville. M. de Lafayette devait donc ignorer que ce qu'il demandait était fait. Son ordre deve-nait alors un bon procédé pour le duc d'Orléans. Mon premier mouvement fut de refuser la tardive et très-inutile assistance de M. le colonel d'Etat-major Gas-pard Thierry, qui était le vieillard commandant le détachement. Mais l'urbanité de ses manières m'em-pêcha d'insister. Je partageai avec lui un commande-ment devenu presque aussi agréable qu'il avait été périlleux, et je dois dire que si M. Gaspard Thierry y mit des formes, de mon côté, j'usai de tous les égards que l'on doit à son âge.

Rien d'intéressant ne se passa depuis lors, si ce n'est le fait suivant, où seul je courus des risques, mais seulement pendant quelques minutes. A une heure et demie du matin, harassé, ne pouvant plus me soutenir, je me jetais sur un lit de sangle, lorsque des coups de fusils partirent de la place. Nous crûmes à une attaque. Comme je n'avais pas quitté mon épée, il me suffit de sauter en bas du lit pour être prêt à me porter vers ce feu, tandis que nos hommes avaient leurs armes à prendre. J'arrivai en effet sur le milieu de la place au bruit de cette fusillade. Je ne tardai pas à être rejoint par quelques-uns des nôtres. C'était le poste du Château-d'Eau qui, voyant dans la cour les bonnets à poil des hommes qu'avait amenés M. le colonel d'Etat-major Thierry, tirait dessus, dans la singulière pensée qu'ils étaient portés par de la Garde royale. Telle fut l'explication que me donna le Commandant de ce poste, M. Cohen ou Cahayne (sans doute le décoré de Juillet). Il me montra la chaleur d'un bon citoyen à qui l'erreur était permise, puisqu'elle venait d'un excès de zèle.

Mon service m'appela, le lendemain, à l'Hôtel-de-Ville, où le *Gouvernement provisoire* était installé. De nombreux rapports y étaient parvenus. Je n'y avais pas été oublié, c'est la seule justice qu'on m'ait rendue dans toute cette affaire. Debout, devant un pupitre à la Tronchin, et en présence de huit ou dix personnes, M. de Lafayette m'adressa ces paroles : *Monsieur, vous n'avez pas perdu votre temps, que voulez-vous ? — Rien, mon Général, lui répondis-je, rien, qu'être officier dans la Garde nationale.* Il sourit, et moi je pensai, sans le vouloir, à ce soldat de Turenne, qui, sur la même interpellation et quand on crut qu'il allait demander un régiment, répondit : *je veux entrer dans la compagnie d'élite.*

Aussitôt, sur l'ordre de M. de Lafayette, M. Berger, son Secrétaire, écrivit :

« J'adresse à Monsieur le Commandant de la 2ème lé-
« gion le rapport ci-dessus, afin qu'il veuille bien
« faire donner à M. Charles Maurice, un grade dans
« la légion. »

Hôtel-de-Ville, le 30 juillet 1830.

LAFAYETTE.

Ma légion, sous les ordres du colonel Bro, a été assez heureuse pour trouver des citoyens qui avaient fait plus que moi, et j'ai dû me féliciter de n'être pas officier.

Cette congratulation intime fut, pendant quelque temps, l'expectative des citoyens qui m'ont aidé en qualité de sous-officiers. Pour l'ordre du service, j'avais nommé des *Sergens* et des *Caporaux*. MM. Fonblanc, Rousseau et Lechanteur s'étaient acquittés de ces fonctions, notamment le premier, avec une intelligence et une activité parfaites. Après mon départ, à votre retour, Sire, on les a retenus, en confirmant leurs grades, au château, où ils ont reçu une espèce d'uniforme et je ne sais quel traitement. A quelque temps de là, je m'en informais en dînant chez une personne très-connue, avec un Employé de votre maison. Je reçus de ce dernier cette réponse atroce : « *Ils vont partir pour Alger*; NOUS SERONS BIENTÔT DÉBARRASSÉS DE NOS LIBÉRATEURS!... L'indiscret!!!

Mes bons camarades, que le ciel les soutienne sur la rive étrangère ! un jour je parlerai pour eux.

Quatre Messieurs se présentèrent au Palais-Royal. Ils s'annoncèrent comme *Députés*, venant pour parler au duc d'Orléans. Celui qui portait la parole nous dit qu'il était M. Sébastiani. Je le reconnus, bien qu'il me parut fort changé depuis que je l'avais vu. En apprenant, ce qu'ils savaient comme nous, que le Prince était absent, ces Messieurs demandèrent à lui écrire. M. Thierry et moi, accompagnés de quelques gens de la maison (ils étaient revenus avec le beau temps), nous introduisîmes les *Députés* dans la première pièce des grands appartemens où, sur une petite table, à droite, en face des fenêtres, M. Sébastiani prit la plume. Sa lettre ne contenait que peu de lignes. Quand il l'eût terminée, il la lut tout haut à ses collègues. Elle commençait ainsi :

MONSEIGNEUR,

« Ne vous *trouvant* pas chez vous, nous nous *trou-*
« *vons* dans la nécessité de vous écrire, pour vous of-

« frir la Lieutenance-Générale du royaume........... »

Mes habitudes littéraires me firent remarquer cette répétition du mot *trouver*. Je devinai tout de suite que M. Sébastiani serait ministre, mais non pas aux *Affaires étrangères*; je comprends si peu la diplomatie, que je l'attendais à l'*Instruction publique*.

Le Lieutenant-Général du royaume approchait. Il venait, suivant sa belle expression, *partager nos périls*. Il pleuvait des défenseurs, on était innondé de patriotisme, noyé dans une Méditerranée d'attachement au Roi futur, car c'était surtout vers lui que montaient les flots de la bravoure posthume. Pour la première fois, la jeunesse entendait parler de Jemmapes et de Valmy ; tout le monde y avait été, absolument comme au château du Palais-Royal, excepté ceux qui y étaient. Cette place, déserte quand les balles y sifflaient, quand le matin, avant mon arrivée à la Bourse, *le Joueur*, du coin de la rue du Rempart nous mitraillait à dire d'experts, quand ce si joli Commandant d'un peloton de lanciers, nous chargeait de manière à faire tomber mon bonnet sous son sabre (*); cette place où tout fuyait, chacun y accourt...... Elle touche au palais du Souverain projeté !

* M. le baron Taylor m'a dit connaître cet officier. Il peut lui rappeler que son cheval s'étant abattu près de moi, dans un espace dépavé, je me refusai à une revanche trop facile. Au lieu de lui plonger mon épée dans le sein, je ne voulus voir, en cela, qu'un duel à deux pas où l'adversaire, ayant manqué son coup, appartient irrésistiblement à l'autre. Je m'éloignai. C'était tirer en l'air.

Le règne du soldat était passé, celui du courtisan commençait..... Le Lieutenant-Général du royaume entre par une porte, je me sauve par une autre.

Une lettre me poursuit dans ma fuite. La voici :

Palais-Royal, le 30 juillet 1830.

A M. Charles Maurice.

« Monsieur,

« J'ai éprouvé un sentiment pénible de ne point « vous revoir *au poste que vous avez occupé dans* « *des momens difficiles*, *et* a la satisfaction de son « Altesse Royale.

« Cet excellent Prince *m'a témoigné ses regrets de* « *ne point vous voir,* lorsque j'ai eu l'honneur de lui « être présenté. Son Altesse Royale m'a chargé *de* « *vous inviter à venir* lui assurer de vive voix, ce « que nous éprouvons tous pour sa personne.

« Je suis avec une parfaite considération, votre « tout dévoué serviteur,

« Gaspard Thierry. »

C'était un ordre. J'obéis. Dans cette même pièce où je venais de recevoir les Députés de la Lieutenance-Générale, me voilà presque en solliciteur ! L'affluence des sauveurs était considérable. Presque tous *militai-*

res ! Cependant, si j'en avais vu un seul aux barricades, je veux être Roi-Citoyen !

Quelle cohue luisante ! que d'habits brossés ! que
d'épaulettes savonnées ! que de décorations décras-
sées ! Un journal du lendemain remarqua que, dans
cet étalage d'oripeaux, la poussière des barricades
jurait sur mon uniforme. Cet habit était encore le
seul de son espèce, là comme auparavant sur la place
et dans la rue. Déjà même, il avait un air insolite qu'il
m'était plus facile de sentir que de comprendre. Dieu
me le pardonne ! j'éprouvais comme un peu de honte ;
l'attitude de ces Messieurs était si fière ! et il y avait
dans leurs yeux, un commencement d'épigramme si
finement décochée !....... Je ne me rendis pas compte
de mes idées ; mais comme si la prescience de 1832
m'eût agité sur un trépied, je n'augurai rien de bon.
Peu disposé aux rôles que je voyais jouer, « je ne
« viens pas, dis-je à l'officier de service, demander,
« comme ces Messieurs, des remercîmens, des pla-
« ces, de l'argent, des faveurs et du bruit. M. le
« Lieutenant-Général m'a fait *inviter à venir*. Je n'ai
« qu'à le saluer, et m'éloigner. Mon journal m'at-
« tend. » Après deux hésitations, cet officier voulut
bien se rendre à mon désir. Il reparaît. La porte s'ouvre. Une foule, plus nombreuse encore, est répandue
dans cette espèce de galerie. Elle pense comme l'autre, sur mon étrangeté, je le sens, car je suis obligé
de me regarder, pour savoir si je n'ai pas le costume
d'un Osage.

Le Lieutenant-Général du royaume (c'était vous,

Sire) vint à moi, d'un air sévère et presque mena-
çant. Il était loin ; mais à mesure qu'il approchait,
ses yeux perdaient de leur assurance en se fixant sur
les miens, où déjà la surprise n'était plus le sentiment
qui dominait.... Ce fut un éclair entre nous deux.
Sans dire *monsieur*, et du ton qu'on prend mal à propos
avec un honnête laquais, il me jeta ces mots, ces mots
textuels, dont je ne saurais altérer une syllabe, car
un jet de mon sang me les a gravés à la tête : « *J'ai
reçu votre lettre, elle m'a beaucoup tranquillisé....*»
Muet, je voulus lui montrer celle qui m'appelait devant lui, écrite *par son ordre*, et justifier ainsi ma
présence qu'il traitait comme une importunité. Il prit
cette lettre avec une impolitesse affectée, et, la sa-
luant d'un hochement de tête, il me la rendit aussitôt,
en m'effleurant, peu s'en fallut, le visage!!!!!!!!
Puis, me tournant le dos, il s'abîma dans l'essaim le
plus proche où l'accueillit un murmure approbateur,
qui acheva de me glacer les veines, de me visser
au parquet...............

Oh! qu'en me retirant, j'ai ardemment désiré que
ce Puissant fût tout autre!... rien qu'un Maréchal de
France!... Comme, avec quatre mots de ma main, je
l'aurais tenu, deux heures après, face à face, avec
l'homme insulté!.... Quel bonheur de prendre ou de
laisser une vie, en échange d'un pareil affront, d'une
injure si peu méritée!..... Quoique je l'aie souvent
lu, souvent entendu dire, je ne croyais pas que l'on
pût pleurer de rage!.. Il ne manquait plus à l'offenseur
que de faire usage d'un autre geste...... S'il ne se l'est pas

matériellement permis, l'effet moral a été le même...
J'ai reçu le coup... seulement, il a porté plus haut, à
plein sur le cœur.... je le garde !

Il y a de cela, deux ans, un mois et dix-neuf jours...
j'en pourrais supputer les minutes ; elles me disent
que les offenses n'ont point d'âge.

Voilà ce que nous avons fait tous deux, Sire !

On n'invente pas la vérité.

Maintenant, quelqu'un niera-t-il que vous soyez
mon obligé ? L'osera-t-on pour vous ? La servilité mi-
nistérielle ira-t-elle jusque là ? Est-il positif que, sans
moi, vous pouviez perdre, vous perdiez votre palais,
moins les pierres qui, probablement, auraient résisté.
Vous perdiez le riche mobilier, la galerie de tableaux,
les magnifiques statues, l'argent de la caisse, les
importans papiers qu'elle renfermait (je ne parle pas
de la vie des hommes qui pouvaient y mourir à cause
de vous ; cela *repousse*, pour les rois, comme l'herbe
des champs). Un de vos Séides, qui n'est pas fou de
ma personne, a estimé le tout à *plus de dix millions*

Cette partie de vos biens était tellement à ma dis-
crétion, que s'il m'eût plu d'y laisser mettre le feu, de
l'y mettre moi-même, l'incendie eût été bien allumé.
Au lieu de ce palais somptueux, paisible, intact
que vous avez retrouvé, vous eussiez vu quatre
murailles et des monceaux de cendres. Les cendres
du palais d'un Bourbon, c'était alors un beau spec-
tacle, une grande réjouissance populaire !... Et Votre

Majesté ne dira pas que j'agissais par ambition, car il y avait cent mille à parier contre un, que, brisant avec un Bourbon, le peuple n'en reprendrait pas tout de suite un autre. C'était donc, au moins, l'exil qui devenait votre partage, et à moi la persécution pour avoir conservé la maison d'un banni.

Pendant que j'y travaillais, réfléchissez donc, Sire, que vous n'étiez plus rien, pas même *Prince*, car si l'on peut prêter une pensée aux balles des trois jours, leur projet était bien certainement de vous annihiler, vous, Bourbon.

Je vous étais utile lorsque personne n'y songeait, quand tout le monde vous délaissait. J'avais quitté ma maison, et je gardais la vôtre. Votre famille devait recueillir le fruit de mes soins, pendant que la mienne pouvait avoir à gémir de mon abandon. Enfin, j'ai tout oublié pour vous... et vous m'en punissez !... Est-ce donc bien cela ? Ce qui est mal chez un simple particulier, serait-il donc vertu de Roi?.... C'est impossible.

Oui, la France me doit les jours d'un grand nombre de ses citoyens.

Vous me devez le salut d'un grand nombre de vos millions.

Je vous donne quittance, Sire.

Mais à la France, non.

Vienne un gouvernement, des ministres dont les récompenses signifient quelque chose ; qu'après vous (que Dieu garde et inspire!), il nous donne un Roi qui se souvienne, et je demanderai le prix de mes travaux. Quand on l'a méritée, on ne refuse pas de l'estime publique.

Les eunuques de l'envie ont stupidement contesté le fait. Ils se sont appuyés d'une silencieuse approbation de Votre Majesté, qui n'a pas daigné me rendre la pareille, *défendre l'absent*. Ils ont dit que la conservation de votre palais avait été l'ouvrage de M. le colonel d'État-major Gaspard Thierry. Et ils en ont déduit la preuve des récompenses qu'ils vous a plu de prodiguer à ce bon vieillard. J'avoue que je ne m'attendais pas au piège... M'y voilà pris!... Je n'ai point de réplique...... C'est à M. le colonel d'Etat-major Gaspard Thierry seul, qu'il convient de répondre.

Écoutez-le. Sa lettre n'a pas été écrite pour le besoin de ma cause ; voyez la date.

Palais-Royal, LE 30 juillet 1830.

A M. Lafayette, Commandant en chef la Garde nationale parisienne.

« Mon Général,

« J'ai l'honneur de vous rendre compte que le dé-

« tachement, sous mes ordres, est arrivé au *Palais-*
« *Royal* HIER SOIR, pour se joindre à celui *com-*
« *mandé par le Lieutenant de la Garde nationale ,*
« *Charles Maurice*, dont le rapport est joint sous
« ce pli.

« Je pense que vous prendrez en considération ,
« mon Général, *la conduite de cet officier*, ainsi que
« celle des braves citoyens qui l'ont courageusement
« *secondé*. . . . .
« . . . .

« *Le Colonel d'État-major*,

« Gaspard Thierry. »

A-t-on bien lu? LE **30**!..... C'est LE TRENTE
que ce monsieur dit être *arrivé* hier AU SOIR (pour
parler français). Or, tout Paris sait que le 29 ,
ENTRE DEUX ET TROIS HEURES de l'après-midi ,
tout était terminé. Il n'y a pas eu, plus tard, une seule
amorce brûlée dans toute la capitale. Il dit que son
détachement *s'est joint* à celui *que je commandais au
Palais-Royal*, chez vous, Sire, dans votre maison ,
où il reconnait *ma conduite* qu'il juge digne de la
considération du Général en chef. J'y étais donc quand
il n'y était pas , puisqu'il m'a trouvé lorsqu'il y est
venu, LE SOIR ! Et, dans le vrai, il était sept ou huit
heures, un peu plus, un peu moins, je ne crois pas me
tromper de vingt minutes. S'il n'était pas surabondant
et ridicule d'insister sur ce point, je reviendrais à la
lettre que j'ai eu l'honneur de vous écrire en présence de M. de Chabot, et que, *devant toute votre*

Cour, vous m'avez dit *avoir reçue*. J'en ai donné, plus haut, la configuration et le sens complet, à défaut des termes exacts que ma mémoire ne saurait me fournir. Elle est en votre possession, Sire; vous n'avez pas dû la perdre. Veuillez la confronter avec ce que j'avance aujourd'hui. Cherchez-là bien. Si vous l'avez mise à sa place, Votre Majesté la trouvera parmi les titres de la Royauté-citoyenne.

La Chambre des Députés a connu tous ces faits par ma pétition du 27 *juillet* 1831, date d'assez bon goût! Le Rapporteur, que je n'ai jamais vu, M. Daunou, s'exprima en ces termes relatés au *Supplément du* Moniteur du 5 septembre 1831 :

« Le Sieur Charles Maurice, à Paris, sollicite une
« mention honorable à la Chambre des Députés, en
« récompense des bons services qu'il a rendus dans
« les glorieuses journées de Juillet.

« Messieurs, il n'est point dans vos usages, ni
« même dans vos attributions, de décerner des *men-*
« *tions honorables*, même lorsqu'elles vous semble-
« raient parfaitement méritées. *Telle serait, selon*
« *toute apparence, celle que vous accorderiez à*
« *M. Charles Maurice*, qui vous raconte ce qu'il a
« fait les 28 et 29 Juillet 1830. *Il a eu le bonheur*
« *d'arrêter l'effusion du sang, de sauver la vie à*
« *plusieurs citoyens, de préserver de tout dommage*
« *des monumens publics, des édifices considérables,*
« *par exemple, le Palais-Royal*, et de contribuer à

« la victoire que le peuple a remportée sur ses oppres-
« seurs. *Nous n'avons aucun doute à élever sur les*
« *détails du récit de M. Charles Maurice ;* il vous en
« offre, d'ailleurs, *les preuves ;* il demande *qu'on*
« *l'interroge*, qu'on *le mette en présence des témoins ;*
« qu'on *se livre, enfin, sur ce qui le concerne, aux*
« *recherches les plus rigoureuses.* Comme vous n'a-
« vez, Messieurs, aucun moyen d'entendre un tel
« examen, j'ai l'honneur de vous proposer, au nom
« de votre Commission des pétitions, de renvoyer
« celle de M. Charles Maurice à M. le Ministre de
« l'Intérieur. » (*Adopté.*)

Deux mois et demi après, je reçus la lettre sui-
vante :

Paris, le 18 novembre 1831.

« Monsieur, la pétition que vous avez adressée le
« 27 Juillet dernier, à la Chambre des Députés, pour
« rappeler votre conduite dans les journées de Juil-
« let 1830, et solliciter, à ce titre, une *mention ho-*
« *norable*, vient de m'être renvoyée, par suite de la
« décision de cette Chambre.

« MM. les Députés, en ordonnant ce renvoi, ont
« reconnu qu'il n'entrait pas dans leurs attributions
« de vous accorder la distinction, objet de votre
« demande.

« Je dois regretter également, Monsieur, *que la*

« *loi ne m'ait pas laissé une plus grande latitude*
« *sur ce point.*

« Mais vous ne pouvez ignorer qu'une Commission
« a été instituée spécialement par la loi du 13 Dé-
« cembre 1830, pour apprécier et signaler à la re-
« connaissance publique les services rendus à la cause
« nationale dans les glorieuses journées de Juillet.
« Cette Commission avait donc seule qualité pour
« *mentionner honorablement* votre conduite.

« Il est fâcheux que vous ayez négligé, lorsqu'elle
« existait encore, de fixer son attention sur les faits
« rappelés dans votre pétition à la Chambre. Si les
« titres que vous invoquez eussent été mis sous ses
« yeux, il y a tout lieu de croire qu'elle se fut em-
« pressée d'user, pour les reconnaître, ainsi que
« vous en exprimez le désir, du droit que la loi lui
« avait exclusivement conféré. Mais la clôture de ses
« travaux *sur les décorations*, prononcée dès le mois
« de Mai dernier, par une Ordonnance royale, ne laisse
« au Gouvernement que le regret de voir *de tels faits*
« privés de la seule récompense *à laquelle vous ayez*
« *borné votre ambition.*

« Agréez, Monsieur, l'assurance de ma considéra-
« tion distinguée.

« *Le Président du Conseil,*
« *Ministre Secrétaire-d'État de l'Intérieur,*

« CASIMIR PÉRIER.

Une tache a glissé sur les expressions bienveillantes de cette lettre. Que me parle M. Casimir Périer de *décorations*? Je n'en avais pas dit un mot. L'Ordonnance royale portait que Votre Majesté approuverait le travail de la *Commission des récompenses nationales*. Demander quelque chose à celle-ci, c'était donc, en définitive, l'obtenir de vous, et j'étais résolu, comme nous le serons respectueusement toute notre vie, moi et les miens, à ne jamais rien recevoir de vous, ni des vôtres, Sire.

J'avais cru la Chambre des Députés plus libre et surtout plus puissante. Elle me représentait mieux que la dite Commission le pays dont je tiens à vif honneur d'être, un jour, récompensé. Sous l'Empereur, le Corps législatif donnait des *mentions honorables* pour la culture de la betterave. J'ai cru que notre Chambre ayant hérité de cette initiative, je n'exposais pas mon amour-propre à une comparaison trop périlleuse.

Long-temps avant ces événemens, ma disgrace était patente et bien avérée au château, à ce même Palais-Royal où Votre Majesté devait lire mon nom jusque sur le plus petit clou du dernier tabouret. Le 17 décembre **1830**, j'avais reçu le premier gage de la royale gratitude. Lisez, s'il vous plaît, Sire :

« Monsieur le Rédacteur,

« J'ai l'honneur de vous prévenir que, par déci-
« sion du 9 de ce mois, MM. les Commissaires de la

« *Liste civile* ont arrêté que les abonnemens aux
« journaux pris par l'ancienne *Liste civile* ne seraient
« point renouvelés au 1er janvier 1831. Je vous prie,
« en conséquence, Monsieur, de vouloir bien , à par-
« tir de cette époque, *cesser l'envoi de votre feuille*
« aux personnes entre lesquelles ces divers abonne-
« mens étaient répartis.

« Agréez , Monsieur , avec mes regrets , l'assurance
« de ma parfaite considération.

« VALERY ,
« *Bibliothécaire.* »

Je pouvais avoir été compris dans une *mesure générale*, bien qu'en ce cas même , j'eusse des droits à
une *exception*. Pour m'en assurer, j'imaginai une ten-
tative : je m'associai au désir d'un de mes amis, dont
l'idée était d'ouvrir moins qu'un théâtre et un peu
plus qu'une loge à Polichinelle, dans la baraque où
Martin venait de montrer ses animaux. M. le général
Aide-de-camp du Roi , baron Athalin , dit que c'était
trop peu....... En conséquence , on ne le donna pas....
(*Lettre de M. le baron Athalin, général Aide-de-camp
du Roi , en date du* 9 *mars* 1831.)

Je doutais encore de ce méchant *parti pris* contre
moi , quand M. Vatout me conseilla de proposer *la
réduction* des abonnemens à ma feuille, dont M. Valery m'avait écrit de *cesser l'envoi*. Le nombre *réduit*
devait être alors conservé.................. et M. Vatout
m'écrivit que

« Les mesures prises par la Commission de liqui-
« dation sont étrangères à la nouvelle administration,
« qui ne peut agir que *lorsque la dotation de la Cou-*
« *ronne sera réglée*.

« J'ai cru devoir vous donner, COMME A D'AUTRES
« gens de lettres, cette explication, pour vous prou-
« ver que, *s'il eût été possible de faire plus*, on y eût
« mis quelque empressement.

« VATOUT. »

Palais-Royal, 14 mars 1831.

Ici, deux observations sautent à la pensée : c'est
qu'au lieu de me *donner*, il s'agissait de m'*ôter*, et
que l'économie pratiquée sur *l'offre de mon sang*,
s'élevait à *six cents francs* par année !

Plus d'incertitude ! on me détestait ; mais fort po-
liment et de l'air le plus gracieux du monde. Le mot
d'ordre du château, relativement aux pétitionnaires,
est : *Courtoisie et rien*.

Pour ne plus revenir sur ce mince sujet, malgré
toute cette guerre aux abonnemens, quelques-uns
ont encore échappé. Ils me viennent du Ministère de
l'Intérieur. Sire, je les dénonce à votre sollicitude
paternelle.

Pour moissonner tant de haine qu'avais-je donc
besoin de semer tant de zèle ? Que m'avait fait, à moi,
la famille d'Orléans ? quel bien ai-je jamais tenu

d'elle ? Au lieu d'envoyer des secours à sa maison, pourquoi y suis-je allé moi-même ? elle ne me *mépriserait* pas aujourd'hui........ Ce mot est sorti comme un écho du milieu de votre intimité, Sire ! Il est d'accord avec la réception que vous m'avez faite ; il est logique selon toute la conduite que vous tenez à mon égard. Ah ! vous ne le pro900fériez pas, lorsqu'abandonné de tous, *mortellement inquiet*, vous appreniez, *par ma lettre*, qu'un inconnu vous était seul resté fidèle, et que, pour garder votre maison, il essayait de mourir ! Croyez-moi, sire, ne *méprisez* pas les hommes qui vous ont servi, l'avenir serait dangereux pour les hommes qui vous servent.

Je reconnais une grande force à quiconque commande à mon pays ; mais tout Roi que vous soyez, votre pouvoir ne saurait faire qu'un homme honorable cesse de l'être, au gré du *mépris* qu'il vous inspire. Et si ce malheureux sentiment prend sa source où vous avez puisé le vôtre contre moi, prenez garde, Sire ! la prérogative royale ressaisit, malgré vous, sa puissance : cet homme n'est plus roturier, votre haine est sa *lettre de noblesse*.

Si je comprends bien la Royauté, Sire, vous n'êtes pas seulement *maître*, vous êtes encore *dépositaire*, dépositaire de l'honneur nationnal, qui se subdivise en autant de fractions qu'il y a d'individus, et dont, après avoir obéi à vos ordres, on peut, avec respect, vous demander compte.

Or, vous avez arbitrairement disposé de ma part ; je réclame.

Quand vous n'avez pas rougi du bienfait , pourquoi donc rougiriez-vous du bienfaiteur ? Si vous y étes autorisé , il fallait immédiatement répondre en ces termes à ma lettre : « Je ne veux pas , Monsieur, que « vous gardiez mon palais , parce que si vous le sau- « viez , je n'aurais que des outrages à vous offrir. » Mais, si, en le recevant, vous avez jugé mon service digne de vous, vous ne pouvez , sans une monstrueuse inconséquence, vouloir frapper de réprobation son auteur.

Les mille honnêtes gens , qui savent ce que j'ai fait pour vous, s'alarment, pour moi, de votre indifférence. Une noble explication leur paraît nécessaire. S'ils vous croyaient seulement *ingrat*, je serais tranquille ; mais dans le haut rang où vous êtes , Sire , ils doivent vous supposer *juste* ; et mon honneur est entaché.

Vous me deviez donc , vous me devez encore la déclaration *publique*, de votre main et non de celle d'un Ministre qui n'a que faire en ce débat, des motifs pour lesquels vous prolongez mon injure ; j'y tiens, je la désire, et rien, de votre âme à la mienne , n'est en droit de me refuser cette déclaration. Mes concitoyens, vos *gouvernés*, puisque vous n'avez pas encore de *sujets*, apprécieront la gravité de vos raisons, car elles sont graves sans doute, et vous et moi serons jugés.

Mais tel est, Sire, le malheur de votre situation qu'alors même que vous diriez vrai en disant du mal, alors que j'aurais tué mon père et déshonoré ma sœur, vous ne seriez pas encore quitte envers moi. « Allez « de ma part, trouver ce misérable, seriez-vous forcé « de dire, demandez-lui combien je lui dois, *payez-* « *le* sur-le-champ; le roi des Français ne peut être « plus long-temps l'obligé d'un pareil homme. »

Et si je suis autre, qu'avez-vous fait?

Et la Reine, une femme! un de ces êtres, d'ordinaire, si accessibles aux doux sentimens, dont l'âme ne demande que des prétextes pour aimer, à qui la reconnaissance inspira tant d'actes d'héroïsme, la Reine est tranquillement rentrée dans son Palais, sans plus songer à celui qui le lui avait conservé! Depuis plus de deux ans, elle n'a pas eu un seul retour vers cette pensée! Elle a trouvé plus court d'apprendre à me haïr, que de chercher à me connaître! Quelle a donc été votre conversation, lorsqu'arrivant de Neuilly, quand moi j'étais au Palais-Royal, et que, seul, avec la digne épouse du Lieutenant-Général du Royaume, vous complotiez ensemble l'oubli de mon service?

La Reine, du moins, ne m'a pas mandé, pour se libérer par une insulte!

Vos enfans, qu'on nous dit si bien élevés, eux qui appartiennent encore à cet âge où l'on s'émeut pour si peu

peu de chose , où l'on se donne tout entier pour une bagatelle , où l'on pleure en lisant *la Colombe et la Fourmi* , ils n'ont donc pas frissonné en apprenant

> Qu'entre les pattes d'un lion,
> Un rat sortit de terre assez à l'étourdie;
> Le roi des animaux , en cette occasion ,
> Montra ce qu'il était et lui donna la vie.
> Ce bienfait ne fut pas perdu.
> *Quelqu'un aurait-il jamais cru*
> *Qu'un lion d'un rat eût affaire?*
> . . . .
> Ce lion fut pris dans des rêts !!!! etc., etc., etc.

Quoi! pas un de ces royaux rejetons , s'instituant tout bas solidaire , méditant son devoir d'homme et de prince et projetant de sortir , seul , en frac , à pied , par la petite porte de derrière, pas un n'est venu vous dire à l'oreille : « *Mon père, où demeure-t-il?* »

Nous autres vilains , pâture de Rois , après un incendie , nous allons remercier les voisins et surtout les pompiers.

Je ne parle pas de madame Adélaïde.

J'étais si facile à contenter ! Le lendemain, le 3o juillet, j'aurais été tout joyeux si vous m'eussiez donné la moindre chose, une paire de gants......., celle que vous portiez pendant que nous nous battions... ou bien encore , si vous m'eussiez estimé seulement à la valeur de votre parapluie , de ce parapluie historique qui, dans nos annales, tiendra quasi la place d'un grand homme... vous m'eussiez retrouvé pendant l'orage!...

Il pleut quelquefois si fort sur les Rois!... et Dubelloy leur a dit :

Tel qui sous l'oppresseur, loin de vos yeux expire,
Peut-être quelque jour eut sauvé votre empire...

Que pouviez-vous pour moi davantage ? Avec la modestie de mes vœux, j'étais déjà si riche quand j'étais pauvre ! Me forcer à troquer ma liberté pour des paillettes aux paremens et sur le collet de mon habit ? Non. Il y a trop de places qui font mourir du regret de les avoir occupées. Me stygmatiser d'une de ces *distinctions* qui ne distinguent personne, que, par la grâce de vos Ministres, on gagne (*hors les droits acquis*) à la Police, au tripot, par le parjure, en se faisant mérinos, tigre, ou roquet ministériel, en croupissant sur des cartons, en revenant d'un voyage d'agrément qu'on appelle *une mission*, en consacrant à mener des comédiens une vie souillée d'ordures, en inscrivant une *amitié de collège* sur des États de services en blanc, en dormant d'un bon somme au corps-de-garde national, en attendant avec patience au balcon de l'Opéra... de ces *faveurs* qui tombent par une averse de *trois cent soixante-dix* en un jour, comme sur quatre champs de bataille d'Austerlitz?.. Échantillon de la couleur qu'un pareil cadeau doit pousser vers la figure !... Gardez, gardez, Sire, pour les amateurs; moi je désire rester parmi les connaisseurs. Je remercie Votre Majesté de n'y avoir pas même pensé. Cela me prouve que sa haine pour moi n'est pas bien décidément incurable.

A propos de cela, j'ai toujours soupçonné que, par un trait de l'esprit ingénieux et acéré qui la caractérise, Votre Majesté avait voulu morigéner mon dévouement en décorant le défenseur de la maison de M. Dupin. Selon moi, il y avait là toute une mordante satire de zèle, toute une épopée de critique sanglante. Mon chagrin me rappelait le bonbon de l'enfance, et j'entendais distinctement ces paroles mignonnes et traditionnelles : *Lui , il a été bien sage , et toi , tu n'en auras pas!* Je trépignais de colère, je sanglotais de jalousie. Enfin , je me consolai quand je réfléchis qu'abdiquant votre libéralité ordinaire , vous n'aviez pas été jusqu'à l'aune et nommé tout de suite un *Grand-officier.* Pour l'acquit de votre reconnaissance, je serais infailliblement mort d'un bout de ruban rentré.

Napoléon m'aurait fait duc , ce qui n'ajouterait pas quinze centimes à ma valeur intrinsèque. Voilà la différence !

Pourquoi me plaindrais-je ? je suis encore en assez bonne compagnie. MM. de Lafayette, Laffitte, Odillon-Barrot et Dupont-de-L'Eure sont des gens qu'en l'absence d'un roi , on peut hanter, sans trop se compromettre. Nous avons tous la même monnaie dans notre poche.

Je ne vous aime pas , vous a-t-on dit !

Je ne daigne m'en défendre.

Dans ce cas , on conviendra que vous ne vous êtes pas déclaré le confesseur de mon apostasie!

N'y a-t-il plus de conscience? La liberté d'affections, comme celle de la presse, n'a-t-elle ses coudées franches que sous la condition de cheminer entre deux haies de Sergens-de-ville ? L'idolatrie du Souverain est-elle ajoutée aux lois sur les Contributions, le Recrutement et la Garde Nationale ? N'y peut-on entièrement satisfaire qu'en se conformant à l'article additionnel ? Les plus durs créanciers donnent du temps.

J'étais donc placé en regard de Chimène qui adore son amant et poursuit son trépas; moi, je ne vous aimais point, et je sauvais votre fortune !........ Eh ! mais il y aurait là, ce me semble, quelque chose pour une poitrine large et qui renfermerait un cœur proportionné.

Si j'ai pu vous honorer comme Prince , et ne pas vous désirer pour Roi, raisonnons : c'était au Prince à se délivrer bien vite, afin que je n'eusse point à souffrir du Monarque. Louis XII, roi, ne vengeait pas les *querelles* du Duc d'Orléans.

Je ne vous demandais rien , pas même une injure !

J'ai donc raison , en commençant cette lettre , de dire à Votre Majesté , que si je la gêne en ce moment , c'est sa faute et non la mienne.

Mais puisque , de tout ceci , résulte, en quelque sorte, une question d'indignité, voyons donc qui je suis.

Bossuet a raconté la vie d'Alexandre-le-Grand en trente lignes. A ce compte , une lettre de l'alphabet serait beaucoup trop pour la mienne ; l'obscurité n'est pas si laconique.

Tombé , en naissant, dans le tablier d'une femme de chambre qui me porta chez une aïeule , j'y demeurai jusqu'à son dernier soupir. Cet événement fut le *prima mors* , *primus luctus* , la première mort , le premier deuil de ma vie. Ils sont vingt-fois par jour présens à mon esprit. Dans les plaisirs , dans les peines , j'acquitte en secret ce tribut à l'être généreux qui s'était fait ma mère.

Le Collège , l'étude du droit , quelques essais dans l'art de Molière , l'ennui des bureaux et de pénibles élucubrations à titre de Critique ; telles sont les diverses phases de ma vie. Le bonheur des deux premières est consigné dans des prix remportés aux acclamations de mes condisciples et dans des attestations flatteuses. Plusieurs de mes comédies sont imprimées. Les autres , avant d'être oubliées , sillonnent encore la mémoire indulgente de quelques spectateurs. Enfin , le Journal littéraire que je rédige porte aujourd'hui le numéro 5,023.

Mon existence est donc toute écrite. C'est un livre que je tiens toujours ouvert , et dont le curieux le plus perfide peut consulter , à chaque instant , les pages. Mon histoire est finie.

Votre Majesté connaît-elle , dans son royaume , à commencer par Elle , quelqu'un qui puisse rendre compte , à la minute , de l'emploi de 5,023 de ses jours ? Il est déjà véhémentement suspecté de vertu , celui qui a travaillé cinq mille vingt-trois fois douze heures !

J'ai des *ennemis!* N'en a pas qui veut. Mais ils sont le corollaire , le besoin de ma profession. Si je l'osais, je dirais qu'ils prouvent que je l'exerce bien , car les plats journalistes n'en ont pas. Ces *corsaires démâtés à qui les autres font la guerre et refusent même le salut,* ont licence d'arborer tous les pavillons. Ils tiennent de notre Cabinet le grand secret de la paix universelle.

Ces *ennemis,* qui sont-ils ? une poignée d'auteurs sans vocation , d'écrivains sans style , des histrions qui se croient comédiens, des prostituées qui veulent être actrices, des directeurs tarés, gens à perdre un homme parce qu'il leur refuse du *talent.*

Consultez les véritables gens de lettres, les artistes de mérite , les administrateurs intègres; ils vous diront que mes éloges ne leur ont point failli, que, pour eux , ma sévérité même a constamment plié devant la justice. Oui, cette tourbe qui écrit ou récite sous l'invocation de Thespis , qui cuve une littérature ignoble, pour faire monter la lie au niveau de ses sales ébullitions, je la conspue, je la flagelle, je sollicite sa colère, et, chaque jour, ses malédictions me tressent des couronnes.

Le plus brave de ces diffamateurs aurait reculé, reculerait encore devant mes tribulations. Et ce que ne voudrait pas leur découragement, ils le jalousent à ma persévérance !

Savent-ils même ce qu'ils chantent dans cette Babel prétendue littéraire ? Les uns me reprochent de dissimuler la vérité, les autres de la trop dire. Entendez-vous donc !

Pour une âme trempée, les ennemis c'est un cortége. L'essentiel est qu'ils ne vous empêchent pas d'avancer ; le moyen est facile, il faut les tenir toujours derrière. Alors, leurs cris se traduisent par ces mots : *Gare ! qu'il passe !* Et l'on arrive.

Gilbert a dit : *Les ennemis honorent.* Sire, j'espère que vous ne voudriez pas être le Souverain le moins honoré de l'Europe ! Charles X en eut la prétention, et Charles X est à Holyrood. Est-il, au surplus, une seule position qui obtienne l'assentiment général ? Roi constitutionnel, vous n'aspirez point à un *privilége ; la majorité* vous suffit. Pour plaire à tout le monde, on n'est pas *Philippe d'or !*

Que ce langage trouve accès près de Votre Majesté !

On voit mal de si haut. Qu'Elle souffre la vérité qui l'éclaire, quand on ne lui demande pas d'argent pour la dire. Vous payez tant de mensonges qui vous égarent! Ces flatteurs! pour exprimer l'affermissement de son pouvoir, ne vont-ils pas jusqu'à dire à un Roi que la couronne est *clouée sur sa tête*.. Hélas! ils n'ont souvent raison qu'en ce sens, c'est que l'une ne peut tomber sans l'autre...... Aimez qui cherche à les conserver toutes deux : la franchise sans rudesse, le vrai sans scurrilité!

J'ai des *amis* aussi, et dans un monde où le discernement gouverne les choix, remarquable surtout par la fertilité des bons exemples. Il est vrai que ces amis commencent à vieillir; c'est qu'aussi je les ai depuis bien long-temps!

Parce que, moi, sincère, j'ai dit ce que je voulais; eux, hypocrites, qui voulaient ce qu'ils ne disaient pas, ils ont torturé ma pensée d'honnête homme pour lui arracher l'aveu d'un vice. Et, depuis, les *incorruptibles* se sont tous vendus, le *vénal* seul a gardé son indépendance. La présente en est une preuve assez positive? Qu'en dites-vous, Sire?

Qu'il se lève celui de mes détracteurs dont la vie est assez nette et l'âme assez énergique pour s'exprimer ainsi!

A les entendre, tous les journaux sont rédigés par des membres libres du Corps diplomatique et de l'Aca-

démie française, qui écrivent *pro deo et maximâ glo-
riâ* des affaires publiques et littéraires : Mensonge !

Lycidas fait un journal pour devenir député,

Clitandre, maître des requêtes, puis Conseiller
d'État,

Dorante, pour avoir un portefeuille,

Alcipe, pour tarifer ses convictions,

Philinte, pour des honneurs,

Éraste, pour de l'or,

Cléon, pour de l'or et des honneurs,

Damis, pour servir son parti, au détriment des in-
térêts généraux, etc., etc., etc.

Leur mauvaise foi pousse le pays vers sa perte.
Elle le couvre, en tout sens, de plaies aussi larges
que profondes. Voyez-vous les honnêtes gens !

Moi, j'ai écrit un journal pour vivre.

J'égratigne, à bon droit, des vanités bien ridicu-
les. Ma partialité perd de réputation les tirades, les
roulades, les ronds-de-jambes et les pirouettes. Voyez-
vous le forfait !

Il est, certes, des journaux consciencieux. Le public
n'attend pas que je les désigne, il les compte.

Mais cette plume, vouée, par hasard, à des récits futiles, à des observations légères, lui refuserait-on de connaître le cœur humain et de sentir les maux de la patrie? Je ne les sais que trop ces hommes qui ont été envers moi si prévenus, si méchans, si injustes, si téméraires!....... Je les plaisante, pour ne pas trop les maudire.

Et ce pays, objet d'un invincible amour, peut-il souffrir sans alarmer ses enfans? Ne l'entends-je pas dire à son Roi : *Donnez-moi d'abord de la gloire, je vous ferai crédit pour le reste?*.....

Mais, qu'est-ce qu'une voix de plus dans un désert?

Et d'ailleurs, ne suis-je pas rassuré? Votre Majesté voudrait-elle d'une France qui serait mûre pour toutes les humiliations? qui graviterait dans la sphère politique sous la protection du mépris russe? A son tour, cette France subirait-elle un trône escamoté? un Roi-pour-lui-seul? Ni l'un, ni l'autre ne pense ainsi. Notre attitude parmi les peuples, l'unanimité (moins une voix, la mienne) qui répondit à votre élection, et vos rares mérites, Sire, sont autant de gages pour la sécurité publique. La France aura donc de vous ce qu'elle désire, car, dès qu'il en sera temps, vous réaliserez la fin de ce beau vers de *Polyeucte* :

> Où *la* conduisez-vous ?
>> A la mort!
>>> A la gloire !!!

Vous voyez bien , Sire , que je suis mon ouvrage , que personne ne m'a donné, comme à vous, un royaume et qu'il m'a fallu tout conquérir. Heureux que les hommes eussent seulement refusé de m'aider ! Tous ont voulu m'abattre. Si pourtant , après avoir attaché une pensée tout au bout d'une carrière longue autant que hérissée de périls et d'obstacles , j'ai marché droit à elle , sans dévier , sans reculer , je vaux bien qu'on dise que *je sais ce que je veux*. C'est un mérite , dans le temps où nous sommes. N'est-il pas vrai , Sire ?

Ce ferme vouloir s'est manifesté par l'amour du *Bien faire*. J'en ai comblé la mesure , et les hommes n'ont jamais été contens. Leurs exigences ont harcelé mes sacrifices. Ils m'auraient dégoûté du bien , s'il était juste que l'innocent payât pour le coupable.

Croiriez-vous , Sire , qu'ils m'ont demandé tous les courages ? Comme si ce n'était assez de celui d'homme de lettres , ils m'ont voulu militaire , sans cesse prêt à répondre à l'appel d'un fat qui tranche du héros pour plaire à Célimène , d'un manant qui veut lessiver sa réputation , d'un bateleur qu'un bon coup d'épée débarasserait de ses dettes , d'un spadassin d'estaminets qui partage avec *le Ponte* le lit et le mal de la Phrynée. Voilà le contact ! Eh ! bien , là encore , sauf un jour d'éternel regret où mon adresse m'a trahi, j'ai toujours donné la vie à mes adversaires, après leur avoir livré la mienne.

Seul, des journalistes de ma classe, je signe en toutes

lettres mes articles, je réponds de ceux de mes collaborateurs, j'assume tout sur moi, pour rendre, à mes côtés, la vie, de plus en plus légère. Je pratique et je recommande la droiture dans les relations, l'exactitude dans les promesses, l'aménité dans les discours et l'indulgence pour les erreurs. J'aime la simplicité des mœurs, l'excès du travail, les joies du foyer. Je soutiens des malheureux, j'adopte des enfans, je sais être époux, frère, ami, citoyen. Par mes prières, et comme je le dois, j'ajoute tout ce que je peux de mes jours aux quatre-vingts ans de mon père........................ et ils me calomnient!!!

Ils ne sont pas Rois du moins; leur opinion n'a pas force d'Ordonnance, leur oubli ne tue pas, leur silence n'est pas un démenti, il ne tâche pas de flétrir... Rompez-le, de grâce, Sire! rompez-le! c'est l'unique objet de cette lettre; mais *Vous-même*, mais sans intermédiaire. Votre grande âme le sait mieux qu'une autre, envoyer des Sbires, lâcher des limiers, injurier et diffamer, tout cela n'est pas plus répondre que mettre en prison n'est vaincre et que se retrancher sur l'inexpugnable hauteur de sa position n'est brave. Je ments, ou je dis vrai. Imposteur, que je sois puni! Véridique, que je sois connu! Il n'y a ici rien entre nous, Sire, que l'immensité de votre valeur personnelle. Je la reçois comme un ôtage, et je suis calme. Que Votre Majesté veuille donc bien s'expliquer *Elle-même*. Elle a pu voir, par ce qui précède que si, pour Elle, c'est descendre, du moins ce n'est pas tomber.

Une situation inouïe veut un dénouement extraordinaire.

La pensée Royale que j'adjure ne serait pas rendue par un drogman du Ministère. Je parle à votre cœur, ce n'est point à la Charte à me répondre. J'évoque feu le duc d'Orléans, *le Prince*, *le Bourbon* du 29 juillet, et *le Patriote*, *le Citoyen* du 30.

Ne craignez point, ne tremblez pas plus que moi. Dites tout ce que vous savez sur mon compte; ce ne sera qu'une restitution, car dans les murs, hors des murs, je dis sans peur ce que vous m'avez donné le droit de penser sur le vôtre. Entrez en Roi dans la route que je viens de parcourir en homme; je vous l'ouvre belle! Pour l'honneur de votre sceptre, ne laissez pas à vos esclaves le temps de s'écrier, en ricanant à la Triboulet : « Il n'a rien voulu, on ne lui donne rien, « il a tout ce qu'il désire. Que demande-t-il? »

Je demande que Vous, qui savez, et non pas un autre, qui ignore, soyez juste en déclarant que tout ce qui concerne Votre Majesté, est vrai dans cette épitre, et que, n'ayant de ses actes particuliers aucun compte à rendre à personne, IL LUI A PLU d'en agir de la sorte avec moi, *sans que rien d'affligeant pour monhonneur ait eu la moindre part dans cette résolution.*

Tout sera consommé.

Sire , je ne comprends pas la communion de la *probité* sous deux espèces. Ce serait un mystère qui me trouverait sans foi , sans espérance et sans charité. Si l'égalité existe , c'est là. Le Pape sous son dais , le Roi sur son trône , le savetier dans son échoppe , sont également soumis à cette règle invariable et commune , qu'il faut être *honnête homme* avant toutes choses. Ce que j'attends de vous , Sire , est de la *probité* la plus étroite , et telle qu'on l'exige du premier comme du dernier des citoyens , qui n'ont pas le droit de nuire à la considération d'un autre. Cette vertu fondamentale d'*honnête homme* , on vous la décerne sans division , avec la certitude que Votre Majesté la mérite ;

Voyons !

Loin d'altérer en rien le respect dû à Votre Majesté , le ton que j'ai pris dans cette lettre , cherche à lui rendre hommage , en ce qu'il emporte la pensée que je parle à *quelqu'un* , et que ce *quelqu'un* est capable de m'entendre.

Si je me trompais , si Jupiter prenait sa foudre pour écraser un ciron , tant pis encore pour le Dieu ! Je lui devrais le complément de notre situation respective : à lui de nouveaux torts , à moi cinq heures de cour d'Assises.

Il me manque , il manque en effet à notre époque ,

de voir le défenseur de votre maison sur le banc où naguère, était un parricide. L'amende est prête, et dans l'attente d'un peu de prison, j'ai mis de côté quelques mois de ma vie, pour achever de faire face à la dépense.

Qu'imaginiez-vous donc? Que terrassé par votre grandeur, effrayé d'un colosse d'injustice, je me tairais éternellement, pour consacrer l'outrage, y adhérer, le rendre légitime, et pour que la sanction du silence me fît votre complice contre moi-même! Non, Sire, vous ne l'avez pas pu croire.

Je finis.

Noble Automédon, continuez de diriger le char de ce brillant État. Nul ne saurait mieux en manier les rênes. Le chemin est à vous, fournissez l'espace!... Tenez bien le juste-milieu! Rasez la borne, et ne la touchez pas! C'est mon vœu le plus cher, c'est celui des trente-deux millions d'heureux que vous faites à toute heure. Si pourtant, malgré votre dextérité, l'accident arrivait, si les coursiers venaient à perdre le frein, consentez que je ne me jette plus, pour vous seul, au devant d'eux. Si même dans cette catastrophe, quelque citoyen accourait, à son tour, pour me prier de veiller sur sa maison, de la garder, de la défendre, permettez-moi de lui répondre :

« Je le veux bien ; mais à condition que, si vous
« devenez Roi, vous me le pardonnerez. »

Je suis,

Avec respect,

De **VOTRE MAJESTÉ**,

SIRE,

Le très-humble, très-obéissant et très-fidèle
serviteur.

Directeur-Propriétaire du Courrier des Théatres.

Paris, le 20 septembre 1832.

IMPRIMERIE DE DEZAUCHE,
FAUB. MONTMARTRE, N° 11.